まえがき──第7版の序にかえて

　教職課程の再課程認定に対応した各大学の一連の動きも一段落し，2019年度（令和元年度）から新しい教職課程での教員養成教育が始まっている．本書の初版の刊行は1981年（昭和56年）とのことであり，38年の歴史を持つ．38年前ということは，本書の初版を使って教育実習に出かけ，教員となった皆さんの大部分は定年を迎えていることになる．そのような長い歴史を持つ本書も，この改訂で第7版となる．

　教育改革の動きは今もって非常に急であり，2017年（平成29年）には幼稚園と小中学校および2018年（平成30年）には高等学校それぞれの学習指導要領が改訂された．その中では，「学びを人生や社会に生かそうとする，学びに向かう力・人間性等の涵養」，「生きて働く，知識・技能の習得」，「未知の状況にも対応できる，思考力・判断力・表現力等の育成」の3点が強調され（第1章に加筆），観点別学習状況の項目も現行の「知識・理解」，「技能」，「関心・意欲・態度」そして「思考・判断・表現」の4観点から，「知識・技能」，「思考・判断・表現」および「主体的に学習に取り組む態度」の3観点に整理されている．加えて，外国語や「特別の教科」としての道徳教育もさらなる充実が求められている．

　今回の第7版では，新しい学習指導要領に対応すべく，各章に修正を加えた．第2章では「外国語活動」や「特別の教科　道徳」に関する記述ならびにICTの活用やアクティブラーニング型授業に関する記述を，第3章では個人情報保護やSNSの利用に関する記述を，それぞれ加筆した．第4章では「総合的な学習（探求）の時間」および「特別活動の指導」に関する記述を大幅に加筆し，第5章では現状に合わせた教育実習日誌の書き方に修正し，それに対応させるように教育実習日誌の「書式」にも修正を加えた．

　教育現場および教員養成を取り巻く状況は，今後とも大きな，そして急激な改革にさらされていくものと思われるが，教育実習生（ならびに教員）にとって必要とされる資質や技能の本質は変化するものではないはずである．本書を有効に活用し，実りある教育実習となるよう希望している．

　なお本書第7版の改訂は，北海道私立大学・短期大学教職課程研究連絡協議会の幹事校の先生方の多大な労力によるものである．

　2019年7月30日

北海道私立大学・短期大学教職課程研究連絡協議会
事務局長　岡島　毅

も く じ

第1章　教育実習について……………………………………………………………1

第2章　教育実習の内容………………………………………………………………3
　　　A．観察・参加・実習……………………………………………………………3
　　　B．授業実習の心得………………………………………………………………4
　　　C．実習生の一日…………………………………………………………………6
　　　D．研究授業………………………………………………………………………7

第3章　教育実習のための準備と心得………………………………………………9
　　　A．実習のための準備……………………………………………………………9
　　　B．実習全般についての心得……………………………………………………10
　　　C．実習終了後の処置……………………………………………………………12

第4章　教科外の指導の心得…………………………………………………………13
　　　A．道徳の授業と教育実習の内容………………………………………………13
　　　B．「総合的な学習（探究）の時間」の授業と教育実習の内容………………14
　　　C．特別活動の指導と教育実習の内容…………………………………………16

第5章　教育実習日誌の書き方………………………………………………………20
　　　1．実習校の現況…………………………………………………………………20
　　　2．教育実習の予定表……………………………………………………………20
　　　3．観察（授業参観等）・参加および実習の時間表……………………………21
　　　4．実習校のオリエンテーション………………………………………………21
　　　5．日誌……………………………………………………………………………21
　　　6．観察（授業参観等）・参加の記録……………………………………………25
　　　7．授業実習の記録………………………………………………………………29
　　　8．指導技術………………………………………………………………………31
　　　9．研究授業の記録………………………………………………………………32
　　　10．教育実習の感想………………………………………………………………34
　　　11．実習終了検印…………………………………………………………………34

第1章　教育実習について

　今日，学校教育は，様々な面で変動期にある．平成29年（幼稚園，小中学校）および30年（高等学校）に改訂が行われた学習指導要領では，新しい時代を生きる子どもたちに必要な力として，「学びを人生や社会に生かそうとする，学びに向かう力・人間性等の涵養」，「生きて働く，知識・技能の習得」，「未知の状況にも対応できる，思考力・判断力・表現力等の育成」の三つが強調されている．このように，生きる力を基盤として，基礎的・基本的学力だけではなく，どのように学び，それらを活用し，社会とかかわっていくのかが求められている．そして，外国語，「特別の教科」としての道徳教育も，一層の充実が求められることとなった．

　1994（平成6）年に「子ども（児童）の権利条約」が発効し，それ以降，教育界では子どもをめぐる教育問題を積極的に取り上げ，改善しようとする動きも見られてきた．しかし，不登校やいじめ，児童虐待や貧困，食育の問題など，子どもを取り巻く環境は今もって課題が山積している．

　さらに，現在は，知識基盤社会にあり，これまで以上の高度な水準の知識や技能が要求され，それらを伝える教員にはより一層，高い専門性が求められている．同時に，様々な教員の不祥事など残念な事件も散見される時勢である．それらのことを考えると，教員の責任は非常に重い．

　ユネスコ・ILOの「教員の地位に関する勧告」（1966年）において，「教育の仕事は専門職とみなされるものとする．教育の仕事は，きびしい不断の研究を通じて獲得され，かつ維持される専門的知識および特別の技能を教員に要求する公共の役割の一形態であり，また，教員が受け持つ児童・生徒の教育および福祉に対する個人および共同の責任感を要求するものである」（指導原則の6）とうたわれ，教員には高い専門性と責任感が要請されている．その上に教員の場合には，他の職業と異なり，教員になったその日から「一人前」として仕事をしていかなければならない．このことは教員免許状を取得したものは誰でも教員としての責務を果たす能力や態度を備えているということを意味している．こうした社会的期待や責任を考えただけでも，教員免許状と取得することの責任の重さを感じざるを得ないだろう．

　教育実習は，このような高い専門性と責任感を要請されている教員になるための，最も重要な教育課程である．元来，専門職とよばれてきた職業では，一人前になるためには長期間にわたる実習が必要とされてきた．その意味からすれば，今日の教育実習の期間は非常に短いといわねばならない．その短い期間に，要求されている内容を学習することは実際には不可能であるといってよい．しかし，その限られた実習期間は，それゆえに最大限に活かさなければならない．

　実習中の期間は一日，一時間，一分をほんとうに貴重な時間として用いねばならない．スポーツでいえばそれは競技会の期間として，また演劇でいえば上演会の当日にもあたると考えられる程，凝縮した密度の濃いものとして，真剣に実習に取り組む自覚を実習生はもつ必要が

ある．

　教育実習は，実習生が大学で学んだ知識や，理論，あるいは技術を実践の場で具体的に展開させる，非常に大切な機会である．実際の授業や生徒指導の中に理論や知識を結びつけて，生き生きとした教育を展開して欲しい．

　さらに，教育実習は実習生が実際に教育が行われている教育の現場としての学校と，学校における教育の展開について学ぶ機会でもある．実習生にとって学校はよく知っているところであるかのように思われるかもしれないが，実際にはこれまで生徒の立場であったために見えなかった側面が多いはずである．したがって実習の機会は，学校運営や教育課程の実際的展開を，体験を通して総合的に理解できるすぐれた場なのである．

　「なすことによってはじめて学ぶ」ことが可能であるように，教育実習という体験を通して，教育ということがいかに複雑な現象であり，困難なものであるか，その難しさを克服していくために，いかに教員側に絶えざる創意，工夫，学習，研究が必要かということを学ぶ機会なのである．このことも大きな教育実習の意義であろう．

　もちろん教員の仕事には，そうした困難を越えたすばらしさがある．教員と生徒との間の交流を通した充実した時間は，実習による体験ではじめてわかるものであり，多くの実習体験者が教員への思いを再確認するきっかけとなる．教育実習はこれらのことを学びつつ，同時に自己の教員としての適性や能力を発見したり，判断したりする機会でもある．

　このような実習の意義について，実習生はこれらの意義を十分理解して実習に臨んで欲しい．実習は，実習生自らの力だけではなし得ることが出来ない．実習先の管理職，指導教諭，生徒だけではなく，大学側の指導巡回教員，ともに苦労を分かち合った友人などとの協力は不可欠である．そのような謙虚な気持ちをもちながら，実習への準備を進めることが肝要である．

〈実習生の感想〉

実習校への期待と実習後の感想
　私は実習校に行くにあたって「限られた短い期間の中で，できるだけ先生や生徒に私のことを理解してもらい，私も生徒のことを理解しよう．自分たちの身近かなこととしてとらえ，考えていくような公民の授業をしよう」という2つの課題を立てました．実習を終えて，この課題をおおかた達成できたと思います．しかし，生徒と本当に触れ合うにはこの期間では短すぎて，早く本当の教師になりたいと思いました．

実習（授業実習）
　「わかりやすい，そして私の世界史をしよう」という目標を持ち教材研究を進めた．一方的な講義とならないよう，図やプリントを利用し，生徒の作業を取り入れた．また，中国史が範囲だったので，中国語ではじめとおわりのあいさつを行った．そこで感じたことは，こちら側が一生懸命にやればやるほど，生徒の反応が返ってくるということである．また，授業に対してだけではなく，人間として私のことを見，様々な感想を述べてくれた生徒たちに感謝している．

「你們好」　「再見」
ニー・メン・ハオ　　ツァイ・チェン
〈中国語のあいさつ〉

第2章　教育実習の内容

A．観察・参加・実習

　教育実習ということばからほとんどの実習生がまず想像することは，教室で黒板を背にして授業をしている姿だろう．確かに，教科についての学習指導が学校教育の中心であることは間違いない．しかし，実際には教育課程の上でも各教科，特別の教科　道徳（高等学校にはない），外国語活動（小学校のみ），総合的・探究的な学習の時間，特別活動にわたる指導が必要なのである．さらに学校内での校務の分担があり，その他学校内外の研修，家庭との連絡，学校事務，そして地域との関わりなど，授業以外にも教員の仕事は多い．実習生がそれらをすべて学習することはまず不可能である．したがって多くの場合，実習校のガイダンスにおいて教育実習で学ぶべき様々な内容の中で，その実習期間中にどんなことを学んでほしいかが示唆されるだろう．

　実習の形態は普通，観察，参加，実習という3つの活動に分けられる．

　1　観察は，学校や学級の状況，教員の教育活動や生徒の学習活動を観察することを通して学習する方法である．実習生は教育活動には直接に関わらず，もし質問などがあったとしてもその場では行わず，できるだけ教員の邪魔にならないように心がける．しかし，気づいたことは必ずメモしておく．

　2　参加は，教員の行う活動に実習生も加わって同じ行動をとり，あるいはその一部を分担して行うことによる学習である．ここでは実習生も教育活動に加わるがあくまでも補助的立場として参加することになる．したがって通常の一斉学習による授業においては，参加という形はとりにくいが，個別学習の多い実験や実技の伴う授業では部分的な指導の分担により参加がなされやすい．さらに，特別活動である学級（ホームルーム）活動や児童会（生徒会）活動，クラブ活動（小学校のみ），学校行事などについても参加することが多い．

　3　実習は，授業の場合には授業実習とよばれるもので，実際の授業を行う活動である．したがって自分で指導計画を立て，学習指導案を作成し，授業を実施することにより学習を行うのである．

　望ましい実習の過程としてはまず観察をして，次いで参加，そして実習といった順序になる．しかし学校によって観察と参加の区別を特にしない場合もあるし，また実習期間の初期の段階で授業実習をすすめられる場合もある．実際の実習においては，実習生それぞれに指導教員がつき，個別に指導が行われるので，実習生は担当の指導教員を中心に観察，参加，実習を実施することになる．

　次にこれら3つの活動についてやや詳しく説明する．

　観　察　　観察は実習に至る過程の第1段階であるとともに，それを通して学校教育を統合的に理解し学習する方法である．したがってほとんどすべての学校教育場面がその対象になりうるが，特に他の教授者の授業を観察することを授業参観と呼び，それ以外の観察（学級や生

徒の状況等の観察：一般観察）から区別することがある．

観察の主な対象は次のようなものである．
（1）　学校環境とその影響：位置，校舎，施設，周辺の環境など
（2）　学級：教室の状況（設備，整理，掲示など），生徒の状況（給食の時間，出席状況，雰囲気，態度，生徒間の交友関係など）
（3）　教室外の活動：登校時・下校時の状況，休み時間，遊びの種類など
（4）　学習指導：教師の活動（準備，指導態度，指導形態，指導法，指導の技術，評価の仕方など），生徒の活動（学習形態や態度，教師との関係，質問，ノートの書き方など）
（5）　生徒指導：教師の活動（組織，計画，実施，記録など），生徒の生活実態，進路状況など
（6）　特別活動：学級活動（高校はホームルーム活動），児童会（生徒会）活動，クラブ活動（小学校のみ），学校行事など
（7）　学校運営：内容，組織，研修など

　授業のみならず観察をしたものについては記録をとる．観察の記録のしかたは種々あるが，通常はノートにメモをして，後に実習日誌に記入をするとよい．しかし実習日誌の記録にとどまらず，逸話記録法，チェックリスト法，評定尺度法，図示法などを用いると一層よいであろう．どんな方法をとるのにしても大切なことは何を観察するか，具体的な観察事項の目標をさだめることである．多くのことを一度の観察ではできないからである．

　参　加　参加は教員の活動に参加することであるので対象になることは教員の活動に限定される．主要なことを列記すると次のようになるであろう．
（1）　学習指導：準備，教材教具の整備，授業，調査など
（2）　生徒指導：準備，組織，計画，進路，学習について
（3）　特別活動や学校事務：学級（ホームルーム）活動，児童会（生徒会）活動，クラブ活動（小学校のみ），学校行事，場合によっては部活動など

　参加は学級について行うときには，ほとんど指導教員について行うことになるので，指導教員からの指導と助言に従って計画をたて，また実施をする．参加をしながらも同時に観察を行っているのであるから，参加についても記録をとるのがよい．

　実　習　教育実習の中心はやはりこの実習である．実習は生徒の活動が対象になるので領域が限定される．
（1）　各教科，外国語活動の学習指導，特別の教科　道徳および総合的な学習の時間の学習指導
（2）　特別活動：学級活動（ホームルーム活動），学校行事，部活動

　以上の2つに大きく分けられるが，通常（1）の各教科の実習が中心となる．実習を行う手順は，まず時間の決定があり，次いで学習指導案を作成することになる．実習の成否はこの学習指導案に大きくかかっているといってよい．

B. 授業実習の心得

　授業実習を成功させるためには，まずその計画がきちんとできていなければならない．その計画は学習指導案にあらわれる．実習校や指導の教員によっては独自の学習指導案が用いられることもあるが，特別のものがなければ実習日誌に記載してある指導案を用いる．指導教員か

ら何回も指導をうけ指導案を作成することになるから，充分その内容は理解できているはずであるが，授業の前にもう一度目を通し，その流れをつかんでおくことが大事である．

また，座席表は必ず用意をしておく必要がある．授業で用いる教具，教材の点検を十分に行うことも必要である．

さて，授業をするクラスへは遅れずに入り，あいさつをしたあと出席をとる．できれば座席表をみて顔を一致させながら名前を呼ぶようにする．全員の名前を呼び終わったときに，もしそれが最初の授業であれば簡単な自己紹介をしてあいさつをするとよい．

授業がはじまったらあとは，学習指導案の流れにそって進めることである．授業は教科により，またそのときの題材によりさまざまな形態をとるが，次の点については共通して守らなければならない．

　1　ことばづかい　　生徒にとって聞き取りやすい言葉で話すのが一般的である．大切なことは明瞭に大きな声で全員に聞こえることである．また，すこしゆっくりと話すのがよいであろう．

　2　自己中心にならないこと　　学習の主体は生徒なのであるから，自分だけが話す授業にならないように気をつけることである．

　3　板書を適切に　　板書（ばんしょ）とは黒板（ホワイトボード，電子黒板）に文字を書くことである．黒板の種類や大きさはさまざまであり，チョークやマジックなど筆記素材もさまざまである．授業実習においては，板書する内容は学習指導案を作成するときに十分に検討し，授業前に実際の黒板で練習しておく．特に，チョークでの板書練習は必ずしておくこと．字は上手なほうがよいが，それ以上に大切なことは，見やすく楷書で書き，さらに正しく書くことである．授業の前に板書の練習をして，一番後列の生徒や両側の生徒からも充分見えるかどうか，字の位置や大きさなどを自分でたしかめておくとよい．また板書は教員だけがするものではない．生徒の発表の場としても用いるような工夫も大切である．

　4　生徒への指名　　授業が一方的にならないためには適切な発問により，生徒に発言の機会を与えることが大切である．その際大切なことは間のとり方であって，発言をする生徒が考えるゆとりをとり，他の生徒たちも一緒に考える過程とするような指導がのぞましい．しかし，指名のしかたは状況によって異なり，英語のドリルなどの場合はできるだけ多くの生徒に指名するのがよい．

　5　誤りの訂正　　誤った指導をしないように事前に十分な準備をしておくべきであるが，実際には実習生が誤ることはありうる．誤りに気がついたり，生徒から指摘されたら，あわてずに率直に訂正すべきである．答えられない場合は次回に回答すると言う．また，後に気づいた場合や指導教員に授業後に指摘された場合には，次の時間に訂正しなければならない．

　6　時間への配慮　　あらかじめ指導案で考えておいた時間の配分に従って授業が進むように心がける．できるだけ終業のベルの前にすべて必要なことを終えるようにするのが良い．終業のベルが鳴ると生徒は落ちつかなくなり効果は期待できないからである．

　7　視聴覚教材やICTの活用　　昨今の教育現場では，視聴覚教材やICTリテラシーを用いた教材研究や授業研究も盛んにおこなわれている．指導を受けながら，これらの教材開発にも留意して授業の工夫を行うのが良い．

　8　アクティブラーニング型授業展開の工夫　　今次の学習指導要領改訂の目玉である「主体的・対話的で深い学び」を意識した「参加型授業」「探究型授業」などアクティブラーニン

グ型の授業展開を授業に取り込む工夫を行うのが良い．

　以上，一般的なことについて述べたが，授業を効果のあるものとするためには授業時間を十分有効に用い，動機づけの仕方や学習の在り方，指導方法，視聴覚教材や教具の用い方など，教材により，またその時の内容によりさまざまな授業形態を工夫すべきである．さらに授業とは教員と生徒とがつくりあげていくものであるから，生き生きとした授業にするためには，あらかじめ立てておいた計画を生徒の反応によって変更する柔軟性が必要である．しかし，実習の段階ではできるだけ指導案に沿った授業をするのが良い．実際には教科の指導教員の指導のもとで授業を行うのであるから，大切なことはその指導や助言を取り入れ，さまざまな形を工夫して自分の授業を形づくっていくことである．

C. 実習生の一日

　さてこれまでは実習の内容について観察，参加，授業実習といった3つの活動の形態を述べてきたが，次に実習の一日の流れを追ってみることによって実習の具体的なイメージをとらえてみよう．

　まず第1日は特別である．はじめての出勤であるので教職員や生徒への紹介があり，また校長や教頭，教務主任等から教育実習全般にわたる講義がある．教育実習についての実習校の方針，実習中の身分，心がまえ，勤務上の注意，許可事項や禁止事項，さらに実習校の教育方針，組織や運営，PTAや地域との関わりなど凝縮された内容が短時間で話されるのが普通であるから，その内容をノートに記載し，後に要点を実習日誌に記しておくべきである．

　第2日以降，最終日の前日まではほぼ同じような一日がくりかえされるだろう．それを，出勤，授業時間中，授業時間終了後，退勤に分けて記してみよう．

　1　出　勤　朝は早めに出勤する．勤務開始15分前には到着しているべきである．出勤簿は概ね職員室（教員室）にあるので毎日押印し，教頭や各教員にあいさつをする．指導教員にその日の予定について確認をする．

　2　授業時間中　その日の予定に従って行動することになるが，観察，参加，実習については，次のようになされる．

　〈観察〉　あらゆることが観察の対象になりうるが，ここでは授業の観察（授業参観）についてのみふれる．授業参観は，初めは指導教員の授業を中心に行われるのが普通であるが，やがてその他の教員の授業についても参観させてもらうのが望ましい．実習期間中は普通すべての授業が実習生の参観の対象として開放されていて，実習の初めに「どの授業でも参観して下さい」といわれるだろうが，参観の前にまず指導教員に参観の時間割について指導をうけなければならない．そして参観する前には必ずその授業の担当教員に許可を得なければならない．他に実習生がいる場合にはお互いに参観をしてもよいが，その場合でも，あらかじめ了解を得ることは礼儀である．終了後は必ずお礼の挨拶をしなければならない．

　授業以外の観察の場合においても，その活動の責任者がいる場合には，許可を得なければならない．

　なお，観察によって生じた疑問や質問は，授業や活動の終了後担当者にお礼の挨拶をしたときなどに，たずねるのがよい．批判や非難にうけとられないようにくれぐれも留意することが大切である．

　〈参加〉　授業や学級（ホームルーム）活動の補助などをする場合には，あらかじめ打ち合わ

せたときに指示されたことを忘れずに行うように心がけなければならない．学校行事，生徒会活動，クラブ活動（小学校），部活動（中学校・高等学校）などへの参加についても，あらかじめ責任者の許可を得ておかなければならない．できれば，参加を希望するクラブ活動や部活動の指導教員（顧問，監督など）に，そのクラブや部などのことについて説明を聞き，関係の児童・生徒を紹介してもらうとよいだろう．生徒は教員が一緒に行動することを望んでいるので，放課後においても積極的に諸活動に参加をすることが望ましい．

〈実習〉　教育実習中で最も貴重な時間は授業実習である．実習の時間は教科の指導教員の担当授業時間があてられるのが普通なので，非常に限られた時間数であり，その時間にむけて万全の準備をしなければならない．実習までの間に観察などで得たことを参考にして授業計画を立て，指導教員に十分指導をうけておかなければならない．授業終了後は指導教員から講評をうけることはもちろんであるが，参観にみえた他の教員や実習生に対しても講評をお願いするのがよい．多くの欠点や，改善すべき点を指摘されるのは当然であり，そのための実習なのであるから素直に講評をうけとめ，反省の材料にすることが大切である．講評はノートをとり，整理をする必要がある．また，自己反省のために自分の授業をビデオなどに収録して，検討してみることも有益である．

以上，授業時間中の観察，参加，実習について述べたが，実習期間中はあらゆる時間を活用して，学習をするように心がけることが大切である．控室にとじこもったり，教材研究にあけくれていることがないようにしなければならない．自分ひとりでできることは帰宅後に行うべきである．

したがって昼休みや放課後も積極的に生徒の中にとびこんでいったり，また指導教員に指導を受けるように心がけるべきである．

3　授業時間終了後　　授業終了後にはまず清掃への参加，教室・教具の整理や，必要に応じて掲示物などのとりかえや整理をする．クラブ活動や部活動への参加などについてはすでに述べた通りである．気をつけなければいけないことは，熱中しすぎてその日のうちに行うべきことに支障をきたすことのないように，時間がきたら区切りをつけることである．

実習期間中は，その日に行った観察，参加，実習の記録の整理をして，実習日誌に要点を記入する．そして当日の結果について指導をうけ，その反省にもとづいて翌日の予定について指示を得る．特に翌日に授業実習のある場合には，学習指導案についての指導をしっかりうける必要がある．そして，授業に必要な教具や教材の準備をしておくことが大切である．特別教室や特別な許可を要する機器を使用する場合には，前日までに許可を得ておかねばならない．

4　退　勤　　退勤は定刻より早くはできない．実際には実習期間内は多忙であるので，定刻後もしばらく残って当日の整理や翌日の準備を行わねばならないであろう．そして退勤に際してはまだ残っている教員や職員にあいさつをする．指導教員より早く退勤することは失礼だと考えるべきであるが，もしそのような場合があれば指導教員に退勤の許可を得る必要がある．

以上が通常の実習中の一日である．そして，実習期間の終り頃には研究授業（または公開授業ともいわれる）という実習の総決算ともいうべき授業が行われるのが普通である．

D．研究授業

研究授業はあらかじめ全教員に案内され，その時間に授業のない教員が多数参観にくる．実

習中で最も緊張する授業となる．大学から指導教員が訪問指導をすることになっている場合には，研究授業の時間についてあらかじめ連絡をしておくことが必要である．もし可能であれば研究授業の時間の訪問が望ましいからである．研究授業では学習指導案，または教科書の該当ページ，資料などを添付して印刷し，参観者に配布するのが普通である．その際，学習指導案は，実習校側の指定の指導案用紙を用いることが多い．

さて，授業そのものは研究授業であっても特別なことをするのではない．多くの参観者があっても気にしないで，それまでと同じように授業をすすめよう．

実習の最終日には生徒との別れの会とともに，学校による関係教員が参加しての合評会（反省会）が開かれる場合が普通である．生徒との別れの会には，生徒へのこれまでの協力に対する感謝などをこめた挨拶を用意しておくのがよい．もし別れの会がない場合には，最後の授業などの時間に別れの挨拶をすることが望ましい．

学校による合評会（反省会）には通常実習生全員と都合のつく関係教員が出席をして行われる．校長や教頭，授業参観にみえた教員の講評や感想がこのときに述べられることが多い．実習生としても感想を求められるので，あらかじめ，本時の授業のねらいや展開の仕方，留意事項などに加えて，学校や実習の印象を簡潔に述べられるよう心づもりをしておくことが大事である．なお関係教員への謝辞を忘れずに述べることが大切である．

最終日にはそうしたことの他に，その日の整理，そして実習全体の記録の整理などがあり，たいへん忙しい．しかし，最終日をきちんとしめくくるためには，実習日誌の整理や提出すべきものは，前日のうちにあらかじめ終え，当日の記録だけで提出できるようにしておくこと．

最終日の退勤にあたっては，関係教員はもとより，お世話になった教職員や養護教諭，用務員（公務補）の方々へも感謝と別れの挨拶をすべきである．そして自分の使った机などは清掃・整頓し，「立つ鳥あとをにごさず」の心がけが大切である．

〈実習生の感想〉

> **実習での経験**
> （1） **観察**：先生方や他の教育実習生達の授業参観を主に行った．授業とは行う教師の性格，考え方が現われるものであるのだなぁと改めて実感した．
> （2） **参加**：帰りの掃除をHRクラスの生徒達と毎日一緒に行った．授業以外で生徒と接することのできる貴重な時間となり，1人1人とのつながりの大切さを改めて知った．また，生徒達と何度か一緒に昼休みを過ごし，生徒達の普段の様子を見ることができ，私自身楽しかった．
> （3） **実習**：授業の主体は生徒だと思うので，みんなが参加している授業になるように心がけた．指導の先生が，「思った通りにやってみなさい．」と言って下さり，私自身，自分がやってみたいと思うことを授業に盛り込めたと思う．一方的にならず，いかに生徒とのコミュニケーションを大切にしながら，授業を進めていけるかが，私の課題であった．また，最後の授業では，マライア・キャリーの『I'll be there』という洋楽をとりあげ，自分で教材を用意し，授業をした．自分がやりたいことをやらせてもらえ，生徒達も積極的に楽しんでくれた授業になり満足感を味わった．

第3章　教育実習のための準備と心得

　どのようなことでも周到な準備が成功への鍵となるように，教育実習の成功もまた充分な事前の準備によって可能になる．また，充実した実習を行うためには実習の性質をよく理解し，実習生としてとるべき態度や行為についてよく心得ておくことが必要である．この章ではそうした2点について述べてみよう．

A. 実習のための準備

　実習のための準備は厳密にいえば教職課程を履修したときからはじまっている．しかしここでは実習そのもののための準備をする期間として，実習校が決定した段階から実習開始までをとりあげ，その間にどのような準備をしたらよいかを述べてみよう．

　まず実習への準備の第一歩として2冊のノートをつくることをすすめたい．1冊は教材研究用に，他の1冊は実習に関するあらゆることの覚え書きに使用するためである．連絡事項や打ち合わせたこと，指示されたことなどを忘れたり，手落ちをすることは指導教諭に大きな迷惑をかけることになる．これらのことを忘れないで確実に行うことは実習を成功させる第一歩となる．そのためにはどんな小さなことでもメモをしておくことが大切である．

　さて，内容的な準備でもっとも大切なことは，教材研究すなわち授業を担当する個所についての教科の基礎的な研究である．授業で用いる教科書の内容についての理解だけでなく，その背後にある多くのことについて研究し，理解しておくことが大切である．実際に実習期間に入ってからは，じっくりと基礎的な教材研究をすることは不可能である．したがって実習開始前に教科内容についての学習・研究は終えていなければならない．そのためには，実習校が決定し，実習期間が決定した後に，できるだけ早く実習校と連絡をとり，担当学年などについて聞き，教科書を入手し，実習期間の担当予定の個所を中心として学習・研究を始めることが望まれる．

　教科書は学校から借り出すことができればそうしてもよいであろうが，書きこんだりすることを考えれば，むしろ自分で購入することをすすめる．教科書が入手できたら，担当予定個所の前後を中心に学習するとともに，そこが全体の中でどのような位置づけになっているのかを理解しなければならない．そのためには学習指導要領で，その学年の目標，内容について確かめ，全体の流れをしっかり把握すべきである．それから前述の教材研究を行い，教材研究ノートにその結果をまとめていくのがよい．

　この準備は1カ月前には始めるべきであろう．そのためには実習校へ1カ月前までには訪問し，実習前に準備すべき事項についての指示をうける．もし実習期間の1カ月前でも担当学年や指導教諭が決定していない場合には，いつ頃決まるかについての見通しをたずね，その頃にまた連絡をして確認することが大切である．

　事前の打ち合わせのために実習校を訪問するときには，必ず前もって電話などで訪問する日

時をうかがっておくことを忘れてはならない．

訪問した時には次のような事項についてたずねて，確認しておくこと．
（1）教科，および学級指導教諭名（同一の教員の場合もあり，それぞれ別の教員が担当する場合もある）
（2）担当教科・科目，内容，範囲
（3）教科書，ワークブック，副教材などをどのように入手するかなど
（4）実習内容の見通し——授業実習の時間数，研究授業の有無など
（5）勤務についての心得——できれば「学校要覧」「実習の予定表」などを入手すること
（6）最初の出勤日とその時間
（7）実習に持参する所持品——上履（スリッパは不可），印鑑，昼食（給食の場合その費用），服装など
（8）実習が始まるまでの連絡について

なお，初めての学校訪問であれば，できるだけ校内を見学させていただくのがよいであろう．もちろん，見学の希望を申し出て許可を得なければならない．そのときに関係教科の特別教室や，視聴覚教室なども見学しておく方がよい．

実習期間は短いので，その期間を充実したものとするためには，事前にできることはできるだけ事前に行うことが望ましい．実習校の見学により，学校の状況を理解することや，「学校要覧」などにより，学校の方針・組織などについての理解をするのもそうしたことの一環である．学校への事前訪問の際に担当学級が決まっていれば，できれば生徒の名簿や机の配置図などを見せていただくことも，早く生徒の氏名を憶えることに役立つ．個人情報の保護のために，生徒の名簿等を校外に持ち出すことを禁止する学校が増えている．名簿等の取り扱いは実習校の指示に従わなければならない．また，教科により視聴覚教具を用いたり，実験などを伴う授業を担当する場合にはそうした教材・教具・用具などに習熟しておくことも大切である．

事前準備はどこまでやればよい，という性質のものではないが，充分になされれば必ずよい実習の結果となってあらわれる．準備が充分になされていれば自信をもって授業を行うことができるだろう．

B. 実習全般についての心得

実習生は実習校の指導教諭からは指導をうける学生でありながら，同時に実習校の生徒に対しては教師であるという二重の性格を持っている．したがって実習生には教員に求められるのと同じ義務や責任，倫理性などが要求される．大学において学生として他の教科を履修するときとは比較にならぬ程のきびしさが求められる．近年，教育実習生に対しての風当りが強くなってきたのは，教員にはなりたくないけれども資格だけはとりたい，という安易な実習態度によることが多い．たとえ実習とはいえ，実習生は生徒をあずかり，教員としての責任をとらなければならないのであるから，そのような学生には，たとえ2週間ないし4週間の短期間でも教員になる資格はないといえよう．将来，教員になる実習生にはそれだけの高い倫理性が要求されていることをまずしっかりとわきまえてほしい．

さて，以下に実習生が心得ておかなければならないことを記すので，しっかり頭に入れて

守ってほしい．
（1） 実習生は実習期間中は実習校の指導教諭の指導の下に委任された事項だけを実施できるのであるから，不確かな点，疑問，不明な点については独断で処理しないで必ず指導教諭に指示を受ける．
（2） 教育実習は実習であると同時に勤務であるので病気，事故，家族の不幸など特別の理由以外による欠勤，遅刻，早退，途中外出はできないと考えるべきである．もし特別の理由が発生した場合には，すぐに実習校に連絡をとり許可を得ること．
（3） 実習校の規則や方針を守る．
（4） 以下のことは実習生には禁止されている．もし教育上必要がある場合には指導教諭の許可を得なければならない．（ニ，ホ，ト，チは教員にも禁止されている）
  イ．児童・生徒の家庭を訪問すること．
  ロ．児童・生徒を校外へ連れ出すこと．
  ハ．児童・生徒から金品を徴収すること．
  ニ．児童・生徒，またはその保護者から物品その他の贈呈をうけること．
  ホ．児童・生徒に体罰を加えること．
  ヘ．学校外の機関と連絡をすること．ただし非常事態で急の処置が必要な場合は可．この場合は事後ただちに報告をすること．
  ト．実習で知り得た内容，児童生徒の個人情報を学校外で口外したり，ブログでの発信やSNSの投稿をすること．
  チ．特定の政党や宗教についての宣伝をすること．
（5） 実習生は始業前15～20分に出勤し，その日の準備をすること．実習生控室がある場合には清掃や整頓をする．
（6） 教職員や生徒に朝夕をはじめ，必要なときに挨拶をきちんとする．
（7） 施設，備品の使用は所管者の許可をとり，使用後はきちんと後始末をする．
（8） 実習生は華美でない，落着いた，清潔な服装や髪型が望ましい．衣服は活動しやすいものを着ていくのがよい．
（9） 実習中の学校での喫煙は控える．健康増進法改正（2018年）により，学校は敷地内禁煙になっている．
（10） 実習中は実習に専念し，アルバイトは中止する．
（11） 実習生の弱点の1つは事務的処理のまずさである．指導教諭から指示されたことやその日に提出すべきものなどをきちんとやりとげる．
（12） 実習校の教職員に対しては敬意と礼儀とをもって接する．
（13） たとえ学校内に対立ができていることがあっても，中立の立場をとる．
（14） 実習校や，教職員，または生徒やその保護者らに対する批判は厳に慎む．
（15） 実習校では携帯電話の電源は切るようにする．実習時間内に私用で電話をすることは職務専念義務に抵触する．また電話番号やメールアドレスを生徒と交換することは慎む．
（16） 実習については，いかなる内容であれ，ブログで発信したり，SNSに投稿してはならない．また，実習の前に，実習生としてふさわしくない書き込みや写真等は削除してお

く．

以上のような心得は決して厳しいものではなく，誠意をもって実習に取り組もうとするならば自然になされる心構えだろう．

C．実習終了後の処置

教育実習が終了したならばその旨をすぐ大学の担当事務部に報告しなければならない．さらに，指導教員にも大学に帰ってから報告をすること．

実習記録はできるだけ実習直後にまとめて提出をする．感激や印象の強いうちにまとめるのがのぞましい．

実習校には礼状を出すのが礼儀である．はがきよりも手紙の方が望ましい．学校を代表して校長宛1通と，各指導教諭に1通，さらにできれば生徒へも出すほうがよい．実習の時期によっては暑中見舞の形でもよいであろう．

実習終了後に実習校を訪問するのは実習生の自由であるが，やはり教育実習の延長であるので，訪問前に連絡をとり，訪問時にはしかるべき挨拶を行うなど，礼儀をつくすよう心がけてほしい．

〈実習生の感想〉

教科指導

政治経済は本校は3年生で履修することになっている．私が担当したのは3年A組と3年D組だった．授業実習に入ったのは，2日目からだったので最初は大変緊張したが，教科指導の先生の親身で熱心な指導と理解ある生徒に支えられて，何とか終了することができた．6月16日には研究授業があったが，大勢の先生方に来ていただいたことが嬉しい反面，プレッシャーとなり大成功という訳には行かなかった．後に参観していただいた先生からは，「ある事実を伝えることも大切だが，その事実がなぜ起こったのか原因を生徒に考えさせることがより重要である」との指摘を受けた．また，私はできるだけ生徒に発問をして，生徒に自分で答えさせようとの意図があったが，その点についてはお褒めの言葉をいただくことができた．説明と板書のタイミングには最後まで苦労し，本当に授業の難しさを痛感する2週間だった．何げない先生の仕草が，実は大変な技術のうえに裏打ちされていたことに驚かされた．この2週間は驚きと喜びの連続だった．最終日，クラスの生徒達からもらった花束をもって照れながらバスに乗って，私の教育実習は終了した．

第4章 教科外の指導の心得

　幼稚園，小・中学校については2017（平成29）年3月31日に，高等学校および特別支援学校については2018（平成30）年3月30日に，新しい学習指導要領が告示された．幼・小・中学校の学習指導要領改訂のポイントについて文部科学省は，次の3点を指摘している．
○教育基本法，学校教育法などを踏まえ，これまでの我が国の学校教育の実践や蓄積を活かし，子供たちが未来社会を切り拓くための資質・能力を一層確実に育成．その際，子供たちに求められる資質・能力とは何かを社会と共有し，連携する「社会に開かれた教育課程」を重視すること．
○知識及び技能の習得と思考力，判断力，表現力等の育成のバランスを重視する現行学習指導要領の枠組みや教育内容を維持した上で，知識の理解の質をさらに高め，確かな学力を育成すること．
○先行する特別教科化など道徳教育の充実や体験活動の重視，体育・健康に関する指導の充実により，豊かな心や健やかな体を育成すること．
　また高等学校の学習指導要領改訂のポイントについては，前者2つとともに，次の点を指摘している．
○高大接続改革という，高等学校教育を含む初等中等教育改革と，大学教育改革，そして両者をつなぐ大学入学者選抜改革の一体的改革の中で実施される改訂であること．
　これらをもとに新しい学習指導要領では，特別の教科となった「道徳」，「総合的な学習の時間」（高等学校においては「総合的な探究の時間」と名称変更），「特別活動」についても改訂を行った．小学校においては，「外国語活動」が中学年に移行し，高学年に教科として「外国語科」も導入された．新しい学習指導要領は，小学校においては2020（平成32）年4月から，中学校において2021（平成33）年4月から全面実施され，高等学校において2022（平成34）年4月から学年進行で実施される．「特別の教科　道徳」，「総合的な学習（探究）の時間」，「特別活動」について，教育実習における指導の心得をまとめてみる．

A．道徳の授業と教育実習の内容

　「特別の教科　道徳」は，学習指導要領に先んじて，2015（平成27）年3月27日の小学校，中学校，特別支援学校小学部・中学部学習指導要領の一部改正により設置された．2018（平成30）年4月より小学校および特別支援学校で，2019（平成31）年4月より中学校で完全実施される．
　「特別の教科　道徳」を設置するに至った2014（平成26）年10月21日の中央教育審議会答申「道徳に係る教育課程の改善等について」は，道徳教育についておおよそ次のような点を指摘した．
　・道徳の時間は，学習指導要領に示された内容を体系的に学ぶという教科と共通する側面

と，道徳教育全体の要となって人格全体に関わる道徳性を育成するものであり，原則として学級担任が担当することが望ましいこと，数値による評価はなじまないことなど，教科にはない側面があることを踏まえ，道徳の時間を「特別の教科　道徳」（仮称）として位置付けること．
・目標を明確で理解しやすいものに改善すること．最終的には「道徳性の育成」が目標であり，「特別の教科　道徳」の目標は，判断力，道徳的心情，道徳的行為を行う意欲や態度を育てることなどを通じて，よりよく生きてゆくための資質・能力を培うこととして提示すること．
・内容をより発達の段階を踏まえた体系的なものに改善すること．4つの視点の順序などを適切に見直し，キーワードなども活用しつつ，内容項目をより体系的で効果的に示すこと．また情報モラルや生命倫理などの現代的課題の扱いを充実すること．
・対話や討論など言語活動を重視した指導，道徳的習慣や道徳的行為に関する指導，問題解決的な学習，小・中学校の違いを踏まえた指導など，多様で効果的な道徳教育の指導方法へ改善すること．家庭や地域にも開かれた道徳教育を進める．
・「特別の教科　道徳」（仮称）の中心となる教材として，検定教科書を導入すること．
・一人一人のよさを伸ばし，成長を促すための評価を充実すること．多面的，継続的に把握し，総合的に評価すること．数値などによる評価は不適切であること．

　これらをふまえて，2015（平成27）年3月に学習指導要領が一部改正され，「特別の教科　道徳」（以下，道徳科）がおかれることになった．
　指導要領の内容の多くは，これらの内容を踏襲している．たとえば1番目と5.6番目に関連して，これまでの教科とは，1）学級担任が担当する，2）数値による評価を行わない，といった違う点と，3）検定教科書を用いる，といった同様な点がみられるため，「特別の教科」として，道徳科がおかれることになったわけである．
　中学校での教育実習中には，道徳科の授業を参観する機会や授業実習することがある．授業参観に際しては，年間指導計画の内容およびその中での本時の位置づけなどを理解し，4つの内容構成や主題構成にもとづいた指導のねらいを把握し，指導法の内容や展開の特色などについて授業参観を行うことが大切である．道徳科の「授業実習」「観察（授業参観等）・参加」の記録は，各教科の場合と同様に，『実習日誌』に記入し，それを通して指導教諭から指導を受ける．これらの機会がなくても，実習校の道徳に関する年間指導計画および道徳科の授業計画などを見せてもらい，その内容を理解することが必要である．
　高等学校において，道徳に関連した授業を参観することは困難であるが，公民科（「倫理」や新しい学習指導要領で設置される「公共」）および特別活動のホームルーム活動などで取り扱われている道徳の指導に関する計画などを知ることはきわめて大切である．

B.「総合的な学習（探究）の時間」の授業と教育実習の内容

　総合的な学習の時間は，平成元年版の学習指導要領改訂の目玉として登場したものである．
　2016（平成28）年12月21日の中央教育審議会答申で，総合的な学習の時間の課題が指摘され，改訂の要点が示された．「中学校学習指導要領解説　総合的な学習の時間編」によれ

ば，その「課題と更なる期待」は次のようにまとめられる．
・総合的な学習の時間を通してどのような資質・能力を育成するのかということや，総合的な学習の時間と各教科等との関連を明らかにするということについては学校により差がある．これまで以上に総合的な学習の時間と各教科等の相互の関わりを意識しながら，学校全体で育てたい資質・能力に対応したカリキュラム・マネジメントが行われるようにすることが求められている．
・探究のプロセスの中でも「整理・分析」，「まとめ・表現」に対する取組が十分ではないという課題がある．探究のプロセスを通じた一人一人の資質・能力の向上をより一層意識することが求められる．

その上で，改訂の基本的な考え方を「探究的な学習の過程を一層重視し，各教科等で育成する資質・能力を相互に関連付け，実社会・実生活において活用できるものとするとともに，各教科等を越えた学習の基盤となる資質・能力を育成する」としている．さらに「目標の改善」として2点が，「学習内容，学習指導の改善・充実」として4点が指摘されている．

そこで中学校学習指導要領の目標は「探究的な見方・考え方を働かせ，横断的・総合的な学習を行うことを通して，よりよく課題を解決し，自己の生き方を考えていくための資質・能力を次のとおり育成することを目指す」とされた．「次のとおり」は3点にまとめられているが，ここでは省略する．

また，高等学校においては，上記の「課題と更なる期待」において，「地域の活性化につながる事例が生まれてきている一方で，高等学校にふさわしい実践が十分展開されて」いないとされ，「より探究的な活動を重視する視点から，位置付けを明確化し直すことが必要」と指摘された．そこで高等学校においては名称が変更され，「総合的な探究の時間」となった．

総合的な学習（探究）の時間は，小学校において280時間（±0時間），中学校において190時間（±0），高等学校において105～210時間（±0，ただし「弾力的な扱い」とする）が位置づけられている．内容としては様々なことが考えられるが，学習指導要領ではたとえば，国際理解，情報，環境，福祉・健康などの横断的・総合的な課題や児童・生徒の興味・関心に基づく課題，地域や学校の特色に応じた課題などがあげられている．

教育実習中に総合的な学習（探究）の時間が行われるときには，積極的に参観するとよいであろう．その際には，年間指導計画の内容やその中での本時の位置づけなどをあらかじめ知っておく必要がある．総合的な学習（探究）の時間に特有な指導法は何なのか，そのときの児童・生徒の態度はどのようなものであったのか，などをしっかりと参観することが大切である．

総合的な学習（探究）の時間の「観察（授業参観等）・参加」の記録は，各教科や特別活動の場合と同様に，『実習日誌』に記録し，それらを通して指導教諭の指導を受ける．総合的な学習（探究）の時間は，学級や学年を越えて授業が行われる場合もあるので，できるだけ複数の指導教諭から指導を受けた方がよいであろう．これらの機会がなくても，指導教諭や教育実習担当の先生，もしくは教頭先生などから，実習校における総合的な学習（探究）の時間の取り組みについて，お話しを伺うことは非常に大切である．

C. 特別活動の指導と教育実習の内容

（1） 目　標

　新しい学習指導要領においては特別活動の目標は，小・中・高校すべてで同じであり，「集団や社会の形成者としての見方・考え方を働かせ，様々な集団活動に自主的，実践的に取り組み，互いのよさや可能性を発揮しながら集団や自己の生活上の課題を解決することを通して，次のとおり資質・能力を育成することを目指す」である．「次のとおり」とは3点に分かれており，以下のとおりである．

- 多様な他者と協働する様々な集団活動の意義や活動を行う上で必要となることについて理解し，行動の仕方を身に付けるようにする．
- 集団や自己の生活，人間関係の課題を見いだし，解決するために話し合い，合意形成を図ったり，意思決定したりすることができるようにする．
- 自主的，実践的な集団活動を通して身に付けたことを生かして，主体的に集団や社会に参画し，生活及び人間関係をよりよく形成するとともに，人間としての在り方生き方についての自覚を深め，自己実現を図ろうとする態度を養う．

　この目標は平成20年版のそれと比べると大きく改訂されている．その理由を「中学校学習指導要領解説　特別活動編」でみるならば，次のようにある．まず特別活動を，「様々な構成の集団から学校生活を捉え，課題の発見や解決を行い，よりよい集団や学校生活を目指して様々に行われる活動の総体である」とする．そして「その活動の範囲は学年，学校段階が上がるにつれて広がりをもっていき，そこで育まれた資質・能力は，社会に出た後の様々な集団や人間関係の中で生かされていくこと」になる．このような特別活動の特質を踏まえて，「これまでの目標を整理し，指導する上で重要な視点として「人間関係形成」，「社会参画」，「自己実現」の三つとして整理した」のである．

（2）　特別活動の分野と内容項目

　今回改訂された特別活動の分野・内容を項目的に小学校，中・高等学校別に示すと次のようになる．いくつかの名称が変更され（学級活動の①や③など），中・高等学校の生徒会活動は5項目から3項目へ整理された．

小学校	中・高等学校
（学級活動） ① 学級や学校における生活づくりへの参画 ② 日常の生活や学習への適応と自己成長及び健康安全 ③ 一人一人のキャリア形成と自己実現	（学級〈ホームルーム〉活動） ① 学級（ホームルーム）や学校における生活づくりへの参画 ② 日常の生活や学習への適応と自己成長及び健康安全 ③ 一人一人のキャリア形成と自己実現
（児童会活動） ① 児童会の組織づくりと児童会活動の計画や運営 ② 異年齢集団による交流 ③ 学校行事への協力	（生徒会活動） ① 生徒会の組織づくりと生徒会活動の計画や運営 ② 学校行事への協力 ③ ボランティア活動などの社会参画

（クラブ活動） ① クラブの組織づくりとクラブ活動の計画や運営 ② クラブを楽しむ活動 ③ クラブの成果の発表	
（学校行事） ① 儀式的行事 ② 文化的行事 ③ 健康安全・体育的行事 ④ 遠足・集団宿泊的行事 ⑤ 勤労生産・奉仕的行事	（学校行事） ① 儀式的行事 ② 文化的行事 ③ 健康安全・体育的行事 ④ 遠足・集団宿泊的行事 ⑤ 勤労生産・奉仕的行事

（3） 学級〈ホームルーム〉活動の指導

学級〈ホームルーム，以下略〉活動は，特別活動の他の分野の活動の中心的な活動に位置づき，担任により「授業」として指導される．すなわち，週時程に時間が位置づけられ，一学年あたり35単位時間を計画的に配列し，指導を行う．

教育実習では，学級担任による授業として学級活動を観察する機会があり，事情が許せば「授業実習」を経験することも可能である．

観察に際しては，学級活動の年間指導計画の内容およびその時間の位置づけなどを理解し，学級活動の特質である次の点から観察することが大切である．

- ・学級や学校での生活をよりよくするための課題を見いだし，解決するために話し合い，合意形成し，役割を分担して協力したり実践したりしているか．
- ・学級での話し合いを生かして自己の課題の解決及び将来の生き方を描くために意志決定したり実践したりしているか．

これらの観察を通じて，教科の指導とは異なった生徒の動きや個性を発揮する状況を観察することができる．授業実習を行う場合は，教科について以上に指導教諭の指導を受ける必要がある．高等学校の場合には，進路指導の一環として実習生の高校時代の勉学のあり方や大学生活の様子などを話す場合もある．実習前から準備をしておくことが望ましい．

（4） 児童（生徒）会活動の指導

児童（生徒）会活動に関する全校的な指導は，学校の校務分掌の配置によって指導の担当教諭が決まり，その教諭によって運営などの助言が行われる．いっぽう，児童（生徒）会活動は各学級が活動の母体であることから，担任が生徒の自発的・自治的な活動を支える指導を行うことになる．

児童・生徒の活動は，各集会への参加，事務局担当，各種委員会などに所属して行われるが，活動の多くは課外の時間に行われる．そのため教育実習中に観察・参加する機会はきわめて少ないと思われるが，もしそのような機会があれば積極的に観察・参加することが望ましい．

（5） クラブ（部）活動の指導

クラブ活動は，平成10年版の学習指導要領において，中学・高等学校では特別活動の分野を構成するものではなくなった．しかしほとんどの学校においては，「課外活動」として，学

校の教諭の分担のもとに行われているのが実情である．部活動として存続しているのである．
　教育実習中には，クラブ（部）活動を観察したり，場合によっては参加することがある．観察にあたってはクラブ（部）活動の特質である次の点から観察することが大切である．

- 異年齢の児童同士で協力し，共通の興味・関心を追求する集団活動の計画を立てて運営する状況．
- 生徒の自発的・自治的な活動によって共通の興味や関心を追求する状況．
- 個性を伸長し，自主性や社会性の発達を図る指導の内容．

　なお，参加の場合の要領や留意事項は，次項の学校行事の場合を参照のこと．

（6）　学校行事の指導

　学校行事は，行事の種類や内容によって，時間の設定や活動の場所などが多様であり，指導する教師の側の対応も異なる．しかし，活動の内容がすべて担任による学級活動の指導を基盤として展開される．
　教育実習中には必ずといってよいほど学校行事が行われるから，観察と参加が可能である．実習中に行われる学校行事は，多くの場合，指導教諭が指導にあたる内容に関して，観察や参加を行うことになるが，次の点に配慮する必要がある．

- 自分からすすんで観察・参加を申し出るように心がける．
- 教科の場合と違って，生徒が行動する場合がほとんどであるが，実習生の対応が，単に行事を観察するのか，一部の指導を受け持つ参加なのかを明確にする．
- 参加の場合は特に，次のことに留意する．
  ①　指導教諭の許可を得て，一部の指導を受け持つ内容などについても事前の指導を受け，準備を進める．
  ②　生徒の行動に注意を払い，指導のねらいが達成されるようつとめる．
  ③　不測の事態のことを考え，指導教諭などと連絡がとれるように行動する．　など

　以上のような，学級活動・児童（生徒）会活動・クラブ（部）活動・学校行事などの特別活動の「観察（授業参観等）・参加」の記録は，教科の指導の場合と同様にできるだけ『実習日誌』に記入し，それを通して指導教諭から指導を受ける．

（7）　「短学活」，「S・H・R」の指導

　「短学活」（短い学級活動で，主として中学校の場合）や「S・H・R」（ショート・ホーム・ルームで，主として高等学校の場合）とは，朝および帰りの時間帯に設定するものを指す．名称や性格づけは時代とととも変わり，中学校と高等学校とで違いがあるが，新しい学習指導要領においても，特別活動としての学級活動の一部として性格づけられてはいない．通称「朝の会」とか「帰りの会」とも呼ばれ，10分程度が組まれる．
　教育実習中には，毎日「朝の会」「帰りの会」に出席することになる．また実習が始まって2〜3日後からは担任に代わって，内容の一部または全部を任せられるのが普通である．したがって，担任との連絡を密にし，この時間のねらいが十分に達せられるように心がける必要がある．特に実習生にとっては，この時間帯を利用して生徒の名前を覚えたり，一人一人の生徒の特性などを理解するとよい．
　「短学活」や「S・H・R」については，『実習日誌』に細かく記入する必要はないが，1日

の流れを記入する「日誌」のページに自分が行った旨を記入すること．また特に気のついた点などは，「日誌」のページの「感想・反省欄」に記すとよい．また実習終了までに，出席簿などの記入・整理などを依頼される場合もあるので，その場合には，丁寧に記入しなくてはならない．

　「短学活」や「S・H・R」活動も含めて，特別活動の分野の活動に関しては，教育実習として観察・参加・実習の機会がなくても，実習校におけるこれらの年間指導計画および各分野の指導計画などの内容をよく知り，理解することはきわめて意味のあることである．

〈実習生の感想〉

担当ホームルーム～3年5組　男子15名　女子22名　計37名
- 2日目からH・Rの仕事を全部やる．～生徒一人一人の今日の調子を見る．
- 最初なかなか生徒に溶け込めなかったが，まず，掃除などを手伝って，気軽に声を掛け，徐々に打ちとけてきた．（ゴミ捨てのジャンケンに加わる）
- まず，生徒の名前を覚えるのが大切．そして「おはよう」「さようなら」のあいさつが大切．生徒とのふれあいを第一に考え積極的に生徒の中に入っていくこと．
- H・R通信の作成．～とても大変だった．自分のプロフィールの紹介．生徒が興味を示し，話掛けてくれる．
- 自分の教室で教材研究や教育実習日誌などを書いていると，「先生なにしているの？」と話掛けてくれる．～教材研究もでき，生徒とのふれあいもできるので一石二鳥．
- 「遠足」＋「大塚まさじの野外コンサート」（大自然のなかで）
生徒と一緒に散歩し，生徒と一緒にお弁当を食べ，生徒と一緒にコンサートで盛り上がる．～生徒と心が一つになった．
- 最後のH・Rでお別れのあいさつ．花束どうもありがとう．
- 芸術鑑賞「十二人の怒れる男たち」を見る．最後の仕事として，生徒の引率．

◎遠足があってとても幸運だった．ほとんどの生徒と話をする機会が持てた．でもやはり，とても目立つ生徒，逆にとてもおとなしい生徒には目がゆくのだが，その中間にいる生徒とのかかわりが薄かったのが反省点．2週間H・Rを担当して，とても楽しくてずっとこのまま続けたいと思ったが，実際，進路指導や生徒指導，部活動なども担当すると，大変なんだと思う．

第5章　教育実習日誌の書き方

　「教育実習日誌」は，教育実習校での皆さんの活動を毎日記録するものであり，この記録は，皆さんが教育の舞台を，新鮮な目で見つめた貴重な教育実践記録となる．指導を受ける側であった皆さんは，教育実習では，教師の卵として指導をする側に立つことになる．すべてが初めての経験であることを自覚し，どんな些細なことも見逃さず，問題を正しく捉え，実践で確かめ，自分のものにしてほしい．そのためには，指導教諭から多くのことを学ばなければならないが，忙しい職場では，指導教諭が皆さんの指導に割ける時間はわずかである．皆さんと指導教諭の橋渡しをするこの「教育実習日誌」を効果的に活用してほしい．

　常に，明確な問題意識から生じる具体的な実践的課題を持って，指導教諭の話を聞き，その内容を要領よく記録しなければならない．具体的な実践的課題とは，例えば，学習者の意欲的参加と効果的な発問，板書の技術や，学習者の反応の収集と個別への対応の仕方などの課題である．これらの課題を，自分の実践仮説として，常に，どのように指導したらよいかを意識して実践することである．その結果，仮説どおりの実践ができたかどうかの自己評価を行い，その問題意識をもって指導教諭の指導を受けることになる．このように，指導（観察・参加，実習）仮説をもって実践し，その結果を自己評価し，指導仮説にフィードバックする仕組み（システム）を工夫する必要がある．その工夫は，この「教育実習日誌」の書き方にある．日誌を書きながら，Plan（計画），Do（実践），Check（評価），Action（改善）の繰り返しによる実践課題を一つひとつ自分のものにすることで，将来の教師としての資質を高め，確かな実践的指導力を身に付けることができるのである．

　以下に，この「教育実習日誌」の書き方を具体的に説明する．

1．実習校の現況　（p.1）

　校長，副校長，教頭，教務主任等7人の先生方の氏名が記入できるようになっている．しかし，学校によってはこのように区分されていないこともあるので，確認のうえ，指導を受ける先生方の氏名を記入すること．この場合，「○○○○先生」と「先生」の尊称をつけ，フルネームを書く．

　実習校名と，住所を記入する．これは，実習後の礼状送付に役立つことである．

　教職員数，生徒数等，実習校の規模がわかるように記入する．

　学校の概要・特色は，実習校の沿革，校訓，教育目標，卒業生の進路などを記入する．また，地域社会の特色，たとえば，主要産業，人口，学校数，保護者の状況，保護者の願いなどを調べて記入する．（学校要覧やホームページ等を参考にするとよい．）

2．教育実習の予定表　（p.2）

　学校行事の欄は，学校全体及び学年・学級の行事を記入する．実習の予定の欄には，○○主

任からの講話，教材研究，授業観察，授業参加，授業実習などの予定を，指導教諭の指導を受けて記入する．

3. 観察（授業参観等）・参加および実習の時間表　（p.3～p.6）

　教育実習は大きく分けると，観察・参加と実習である．このページには，指導教諭と相談して，実習生が行う観察・参加，実習のみを記入する．なお，形態には，「観察・参加」，「授業実習」の別を記入する．時間表の最後に，この「観察・参加」及び「授業実習」の総時間数を記入する．

4. 実習校のオリエンテーション　（p.7～p.9）

　実習校では校長・副校長・教頭またはその他の係の先生方から，その実習校の教育の考え方，学校経営の方針，先生方や生徒の実態，学校内の組織また実習生の心構えや実習の仕方など，いろいろの指導を受ける．これを「オリエンテーション」といっている．このページには，これらの指導を受けた内容を要領よくまとめて記入する．

　特に，次の点に注意して記入すること．

　（1）メモのように書かないこと

　実習校でオリエンテーションを担当した先生方にとって，自分の指導した内容が，実習生にどのように受け取られているかは，重大な関心事である．大切と思ったことをメモ用紙に書いておき，終ってから要領よく丁寧に清書すること．

　（2）誤字脱字に注意すること

　他のページもこの原則は当然であり，日誌記入にあたっては特に注意しなければならない．この部分の内容は実習生の発想や考えでなく，指導の先生方の考えや説明の内容を記入するのである．したがって正しく受け取ったか否かは，このことばを正しく表記できているか否かでわかる．正しく表記されていなければ，先生方の説明がわかっていないと受け取るであろうし，先生方は実習生に大切な生徒の教育を任すことに大きな不安を感ずるであろう．

　なお，オリエンテーションで配布された資料は，ここに貼付してもよい．

5. 日　誌　（p.10～p.33）

　（1）日誌欄の書き方

　日誌は月日，曜日，天候，行事の他に，①実習項目・教科，②内容・行事等，③振り返りまたは指導を受けた内容記入欄，④指導教諭指導欄の4つの部分から成っている．

　実習項目・教科と内容・学校行事等の欄は「始業前」から「放課後」までの間に，朝と帰りの「S・H・R」および「1時間目」から「7時間目」まで区分されている．これら実習項目の各欄には，前もって作成されている〈実習の予定表〉にしたがって，実習生の実習項目が記入されることになる．始業前の項目としては，職員打合せ，教育実習生の紹介，連絡事項，1～7時間目の項目としては，教材研究，授業参観，授業参加，授業実習，指導教諭との打合せ，放課後の項目としては，清掃，清掃後の点検，教育実習日誌記入，教材研究，指導教諭との打合せなどが考えられる．

内容・行事等の欄は，できるだけ具体的に書く．たとえば，授業参観，授業参加，授業実習の場合であれば，学年・学級，指導者，教科，教材名，単元名などを書く．

S・H・R（ショートホームルーム）の欄には，そこで指導される内容や連絡事項等を書く．

振り返りまたは指導を受けた内容記入欄の欄には，その日の全般的な感想および反省を記入する．指導教諭指導欄には，指導教諭が所見を記入する．指導教諭が直接所見を記入できない場合は，指導を受けた内容を実習生が記入する．その場合は，自分自身の感想，反省との区別を明確にして記入する．以下に，ある実習生の1週間分の「振り返りまたは指導を受けた内容記入欄」と，それに対する「指導教諭指導欄」の所見の例を例示する．この例は，指導教諭が記入した例である．

	〈実習第1日〉	〈実習第2日〉
振り返りまたは指導を受けた内容記入欄	不安な気持ちで教室にはいりましたが，生徒が拍手で迎えてくれたので，大分気が楽になりました．3クラスの授業を参観させていただきましたが，ひとクラス毎に雰囲気が違うのを肌で感じました．クラス毎に臨機応変に接していくことができるだろうかと不安になりました．授業のテンポの速さにやや驚かされました．これからの授業参観で必死になって高校時代のカンを取りもどしたいと思います．	今日一日で，3学年それぞれの授業を見学することができ，大変参考になりました．学年毎に雰囲気が本当に違うのを感じます．3年生は，授業中さすがに緊張感があるし，先生との対応も高度であると思いました．L・H・Rがあまり活発ではないようで，少し残念でした．
指導教諭指導欄	生徒に対する愛情がなにより大事であると私自身思っています．いろいろの生徒，先生，教室の雰囲気があると思いますが，2週間存分に学び教えて実のある実習にして下さい．健康にくれぐれも注意して下さい．意外に疲れるものです．	しっかりと目標をもっている生徒とそうでない生徒では学習態度が違ってきます．2年でも，もう教科によって全く学習意欲を示さない生徒もいます．L・H・Rはその顕著なものでしょう．彼等にどうやって意欲的に学習に向かわせるか難しい所です．

	〈実習第3日〉	〈実習第4日〉
振り返りまたは指導を受けた内容記入欄	無我夢中で，毎日があっという間に終わってしまいます．月曜日からの風邪が未だになおらず，この影響は大変大きいようです．今日から朝と帰りのH・Rをまかされたのですが，紋切型の口調になってしまったような気がして反省しております． もっと生徒達に積極的に働きかけるように努力して，自然に話せるようになりたいと思います．	少しずつ慣れてきたようです．部活動はバドミントン部を見学させていただきましたが，H・Rの女子生徒がいて，いろいろ話すことができ，よかったと思います．次回は運動のできる格好をして練習に参加したいと思っています．また，職員会議に出席させていただけたことは，教師の職務というものの一端を伺い知ったようで，大変有意義でした．なお，松井先生には丁寧なご指導をいただき感謝しております．授業では先生のご指導を生かして，精一杯やりたいと思っています．
指導教諭指導欄	生徒の前に立って話し，教えることは最初のころは大変なことです．最初から完璧を期せず失敗を恐れず，思い通りにやって下さい．	場をかえてみると今迄気付かなかった意外な面をみせられます．あらゆる機会に生徒と接することはとても大事です．
	〈実習第5日〉	〈実習第6日〉
振り返りまたは指導を受けた内容記入欄	今日で国語科の諸先生の授業を，ひととおり拝見させていただいたことになります．同じ教材でもずいぶん方法が違うものだと思っております． H・Rで慣れてきたせいか，6時間目の授業参観は今までのうちで一番気が楽でした．生徒達と親しくなるためにも，なんとか体育大会は実施していただきたいと思っています．	徐々に実習日誌の記入にも慣れてきたようです．生徒も話しかけてくれるようになり，楽しくなってきました． いよいよ明日から授業実習が始まります．不安もありますが精一杯がんばりたいと思います．
指導教諭指導欄	来週から学習指導です．そろそろ指導案の計画，作成に，取り組んで下さい．	実際の学習指導では，これまでに参観した授業を参考に，独自の方法で個性を出してみて下さい．

（2） 実習項目の具体的計画について

　限られた実習期間内で十分な成果をあげるため〈実習の予定表〉にしたがって，学校や指導教諭の指導を受けながら，具体的な計画を立てることになる．以下に，3週間実習の場合の例

を示すので，計画の具体化の参考にすること．

〈実習第1日〉

○職員朝会で紹介（実習生挨拶）　○朝礼における全校生徒への紹介（実習生代表挨拶）○校長講話（学校の概要，教育方針，実習心得）　○教頭講話（教職員の服務について，学校の施設設備の概要と取扱い）　○校内諸施設見学（教務主任）　○指導教諭との話し合い（進度と観察・参加・実習の予定表の作成など）

〈実習第2日〉

○教務主任講話（実習全般についての説明）　○授業観察（担当教科）　○授業計画のたて方と教材研究の仕方（教科指導教諭）　○全体研修（① 教育課程について：教務主任，②学年経営について：学年主任，③学級（ホームルーム）経営について：学級担任，④道徳教育について：道徳教育推進教師）

〈実習第3日〉

○授業参観（担当教科以外）　○教材研究と学習指導案の立て方について（教科指導教諭）○全体研修（⑤特別活動について：特別活動主任，⑥クラブ活動の見学－小学校のみ）

〈実習第4日〜第5日〉

○授業参観（特別の教科　道徳）　○教材研究と授業参観　○全体研修（⑦生徒指導について：生徒指導主事）

〈実習第2週以降〉

○この間，毎日2〜3時間ずつ授業参観・参加，指導教諭がそれぞれの授業について具体的に指導

○実習生同士の授業参観

○実習授業および研究授業（学習指導案を作成し，印刷用意して授業実施），授業研究（校長以下教職員多数参加して研究授業の反省）

〈実習最終日〉

○終了の挨拶（職員朝会，生徒朝礼）　○所属学級生徒への別れの挨拶　○実習のまとめと反省　○実習記録，感想文などの提出．

参考までにある中学校の教育実習生の指導計画を紹介する．実習期間が3週間のときの時間配分は次のようになっている．もちろん同じ地域でも学校によって異なる．

○全体指導または全体研修（校長，教頭，各部，教務）　　第1週　8〜10時間

○授業参観　　第1週　担当教科時間　1日当り2〜3時間

○授業実習　　第2週〜第3週　8〜16時間（教科によって変動あり）

○学級活動　　学級担任により適宜

○研究授業　　第3週　水，木，金曜日のいずれか

① 授業実習のときは事前に学習指導案を作成し，指導教諭の指導を受けること．

② 研究授業は該当教科の全教諭に見てもらう．学習指導案は授業の2日前までに作成印刷し，50部を教務に提出すること．

6．観察（授業参観等）・参加の記録　（p.34〜p.45）

（1）　観察の目的とその重要性

　教育実習の領域としての観察・参加及び実習は相互に関連し合い，中でも観察は実習を効果的に行うための準備として重要な意味を持っている．この「観察」は「観察実習」ともいわれるように"見ること"によって"学ぶ"のである．

　生徒一人一人を自分の先入観や自己の好き嫌いを交えずに素直に，あるがままに"見ること"こそ，教育者として大切な態度である．"観察する"ことによって"どのように教育をするか"ということが理解できるからである．以下，主な観察の場面である授業参観について説明する．

（2）　観察の心得

　観察に際して心得なければならない大切なことは，「授業の現実の姿をあるがままに見る」という謙虚な態度である．観察の目的は，教師が生徒をどう導き，生徒がどう学んでいくかを知ることである．そして，観察を通して得たことを，実際の授業場面での，指導の姿勢や方法に生かしていくことが大切である．したがって，観察に際しては，具体的な「観察の着眼点（視点）」を持って臨まなければならない．

（3）　観察の着眼点

　観察の着眼点を設定することは，なかなか難しい．観察の初期の段階では，全体の授業の流れや導入・展開・まとめの過程などを記入し，その後，個別的な観点を設定するとよい．たとえば，次のような具体的観点が考えられる．

　① 教師と生徒および生徒相互における条件
　　・教師の生徒への接し方　　　　　・生徒の応答
　　・生徒相互の交流の仕方や内容　　・学習への意欲，興味，関心等の持ち方　　など
　② 教師の指導法に関する条件
　　・教材，教具の準備や提示の仕方　・発問や板書の仕方
　　・ノートのとらせ方　　　　　　　・意欲や思考，判断などを促進する働きかけ
　　・知識や技能を定着，習熟させる働きかけ　　など
　③ 生徒の学習適応などの条件
　　・教師の「認め」「励まし」の働き　・生徒相互の人間的受容状況
　　・学習への主体的参加の状況　　　・個に応じた指導　　など

（4）　授業参観の記録例

教科名等　各教科では教科名を書き，道徳は「特別の教科　道徳」と書く．特別活動は生徒会，クラブ活動（小学校のみ）などと書く．

実施者氏名　観察をさせてもらう授業の実施者の氏名を記入する．実施者が，他の実習生であることもある．

単元・教材名　生徒が学習する内容のひとまとまりをいう．教科によって単元と呼んだり，教材と呼んだり様々であるが，ここでは授業の中心が何であったかを記す．多くの場合は教科書の節や小見出しを記せばよい．

観察（授業参観等）・参加の内容　実習生が自分できめた着眼点に基づいて書く．欄の一

番上に着眼点を明示するとよいだろう．1時間の授業では，着眼点以外に気付くこともあるだろう．それはそれでメモすることはよいが，この欄にはあくまで着眼点に関することを記入する．書き方としては箇条書きとしてもよい．

指導を受けた内容　　指導教諭から受けた指導を，実習生がまとめて書く欄である．指導教諭から丁寧に指導を受けているのに，一行か二行しか書かないということのないよう，指導内容を正しく理解し，記入することが大切である．

授業参観の例（中学・英語）

観察（授業参観等）・参加の記録			
日　時	年　　月　　日（　曜） 　　　　時間目	実施者 氏　名	
教科名等	英語	学　年	年　　組
単元名 教材	One World English Course 1　Lesson 6-3		
観察（授業参観等）・参加の内容	着眼点 1　いかにして英語に親しませ，興味を持たせるようにしているか． 2　買い物の場面を使ってHow much〜?をどう指導するか． 　英語でのあいさつの後，前回の復習How old〜?を使って数人の生徒に質問をした．教室は直ちに英語の雰囲気につつまれた．その後，本時の指導項目How much〜?に移った．練習に際して，本物のドル紙幣，コインを見せたので，生徒は興味を示した．買い物ゲームではおつりのもらい方，手のひらに足し算で次々とおつりが加えられるところなどアメリカの習慣も学習でき，大変良かった． 　ペアでの買い物ゲームの際，すぐにペアを組んで練習に入れない生徒がいた．いっせいに練習に入らせるにはどうしたら良いのだろうか．		
指導を受けた内容	実際の場面を想定した学習では，生徒の多くが強い関心を示す．したがって買い物ゲームなどは，楽しみながら学習できる良い例といえる．ペアワークで全員がすぐ練習に入れるよう，授業のリズムみたいなものを身につけさせることが重要である．		

授業参観の例（公民）

観 察（授業参観等）・参加 の 記 録		
日　時	年　　　月　　　日（　　曜） 　　　　　時間目	実施者 氏　名
教科名等	公民（倫理）	学　年　　　　年　　　組
単元 教材　名	現代社会を生きる倫理	
観察（授業参観等）・参加の内容	① 昼の休息時間直後の授業であったので，生徒の学習活動全体がやや散漫になりかけていたのが，先生の発問と助言によって，次第に緊迫した雰囲気に変化していったのに驚嘆させられた． ② 授業で使われた教材は，高校1年生には難解だと思われたニーチェの思想であったが，『悲劇の誕生』を取り上げ，孤独から狂気への波乱に富む生涯について，生徒に深く考えさせ，授業の山場を盛り上げたのは，温情ある表情で話される先生の発問と助言の老練な巧みさであり，すっかり感服した． ③ 先生の発問や助言は，同じ内容でも生徒の理解度や反応の個人差に応じて微妙に変えられ，間合いの取り方も巧みで，授業の中核となる発問の後には考える時間を十分与えた．	
指導を受けた内容	① 授業中の表情やつぶやきなど，生徒の動きに敏感になることが大切である． ② よい発問は，教材と生徒を深く研究する中から生まれるものである． ③ 「倫理」の特質は，生徒の主体的な自覚を深化させるところにあるが，講義法でも適切な発問をすれば，大きな成果が期待できる．	

（5）参加の記録

　教科によっては，授業の一部を実習生が分担したり，実験・制作活動などで助手のような役割をする場合がある．学校行事等への参加も同様である．

　参加の記録は，授業参観の記録の例に準ずる．しかし，実習生も授業に参加しているので，授業参観のように丁寧な記録を取ることが不可能な場合もある．一部ではあるが，生徒と接し，指導していることを記すことも必要である．そこで，参加の内容の欄は，たとえば，1時間の授業の流れを左半分の欄に記し，右半分の欄に実習生が実際に参加した内容，生徒の対応，実習生の反省などを記すといった時間の経過に基づいた書き方をしてもよい．

　なお，頁数が不足する場合は，日誌の該当部分をコピーして記入し，日誌に添付すること．

参加の例（高校・家庭科）

\<観察（授業参観等）・参加の記録\>				
日　時	年　　月　　日（　曜） 　　　　時間目	実施者 氏　名		
教科名等	家庭科（食物）	学　年	年	組
単　元　名 教　材	食物「食品の調理性」 砂糖の実験学習			

	学習内容	実習生の参加の内容	生徒の反応
観察（授業参観等）・参加の内容	実験上の諸注意	・生徒と共に実験・実習に対する心構えを聞く． ・先生の話を聞いていない子に注意する．	・教室で授業を受けている時と雰囲気が違うため，落ち着かない様子．私が注意すると話すのをやめた．
	実験（加熱温度による砂糖の変化）	・温度計の正しい使い方を，調理台を巡視しながらグループ毎に説明する． ・ある一定温度毎に火を止めたり，かくはんしたりする作業があり，それについての指示をする．	・温度計の使い方をしっかり聞いていないグループが多かった． ・温度が一定温度になっても何をやるべきかが充分に意識していない生徒がいた．先生と私の2人でグループ毎に指示しても，失敗に終わったところもあった．
	応用実習 （抜糸地瓜の調理）	・揚げ油を用いるため，前の調理台でまとめて揚げさせる．私はそこについて生徒の実習を見守る．	・揚げ油を怖れ，逃げ腰の生徒もいたが，安全に揚げる方法を指導するとその通りにみんなで頑張っていた．
	まとめ	・先生の後片づけの指示を聞き，生徒と共に掃除などをする．	・テキパキと行動し，時間内に後片づけが終了した．
指導を受けた内容	○2時間続きの実習であり，生徒がだらけることがあるので時間を指定したこと． ○実験・実習の流れを模造紙に記し，黒板に掲示したが，その上さらに，巡視することが必要なこと． ○実験・実習の安全を確保するため，生徒に前もって充分な注意をすることが必要なこと．			

7. 授業実習の記録　(p.46～p.69)

　授業実習の記録は実習生の立案した授業計画であるとともに，それを反省するものである．周到な計画を立て，指導教諭の指導を受け，本日誌に清書する．

　日時：年月日，曜日，何時間目．

　指導教諭：学級担任（小学校），教科担任（中・高校）に事前に学習指導案を見せ，反省および指導を受けた内容を記した後，押印してもらう．

　教科名等：観察（授業参観等）・参加の記録を参照のこと．

　学年：何年何組，複式の場合もありうる．

　実施者氏名：授業者，すなわち日誌を書いている実習生本人の姓名を書く．

　単元・教材名：観察（授業参観等）・参加の記録では，教科書の節や小見出しを記入すると記したが，ここでは，本来の学習内容のひとまとまりをも含めて記入する．なぜなら，単元全体の指導目標や計画を以下に記すからである．

　使用教科書：使用教科書名・出版社名とページ数を書く．

　単元の目標：この単元全体の目標について書く．例えば，次のような形式をとることが多い．

　　○………について気付く，知る，知識を与える
　　○………についてわかる，理解する
　　○………についての態度を養う，愛情を育てる
　　○………についての能力を養う，できるようにする

　単元の指導計画：多くの場合，単元の総時数の中で，時限ごとに指導する内容を項目的に示すことが多い．単元で指導する内容を，時間配分との関連の中で位置づけるのである．本時の学習がその中で何時間目なのかがわかるようにする．以上の計画案については，各学校で用意されている年間指導計画表のコピーを貼ってもよい．なお，用意されていない場合は，教科担任の指導を受けながら書くこと．

　本時の目標：この単元全体の目標から見て，この1時間をどういう目標にするかを具体的に書く．

　本時の指導計画（実際に作成した学習指導案のコピーを貼ってもよい）：1時間の開始から終了までを時間の経過に従って，学習内容の流れを記入するものである．縦軸の導入・展開・まとめは，その意義にあわせて学習の流れを区分したものである．横軸には，学習内容・生徒の活動，それに要する時間，指導上の留意点，評価の観点（評価基準）を記す．

　本欄は，その学校の教育目標や教師の指導課題に基づいて，実習生が何を指導したいか，生徒に何を学ばせたいかを具体的に記すものである．そのためにはまず，生徒の実態を知り，学習課題として何が適切であるかを吟味して本時の目標を設定し，その達成のためにはどのような方策が適当であるかを考えねばならない．その方策を，教材研究を通して創造するのが実習生の課題である．本時の指導計画を作成することは，教育実習の中核であり，手を抜かずに取り組まなければならない．

　学習の流れについては，教授学の歴史上様々な考え方があらわれてきた．たとえば，発見学習では「課題の把握→課題の解決のための仮説→仮説の吟味・検証→根本概念の応用・活用」

という流れが設定されている．また各実習校によっても，独自の研究を通じて考え出された指導案の様式がありうる．しかし，本日誌では，最も一般に使用されている導入・展開・まとめという形式を採用している．以下では，これらについて説明する．

（1） 導入について　　本時の開始直後の時間帯で，本時の指導内容の動機づけを行うものである．時間は短めに5～10分程度に止めた方がよく，次のような指導や活動が取り上げられる．

・前時の復習やこれまでの学習の整理
・本時の学習目標の提示
・本時の学習に対する生徒の興味や関心，意欲の喚起

（2） 展開について　　この段階が学習の山場であり，本時の指導内容の中心的な内容が位置づけられる．時間としては25～30分を目安とするとよいだろう．目標の達成は，多くはこの段階で行われ，実習生の教材研究の深さと学級の生徒全体や一人ひとりを実習生がどれだけ把握しているかが検証できる場面である．

　学習内容は，生徒主体の問題解決学習の場合もあれば，実習生が示唆し教材を提供してその質疑や発展を行う場合もある．学習形態としても，話し合い（問答，討議学習），実習生の説明，講義，構成や劇化，教科書や資料などの活用などを含む一斉学習，グループ学習，個別学習などさまざまな形態が考えられる．

（3） まとめについて　　この段階は本時の学習のまとめが行われる．板書やノートの整理を通じて，本時の学習の要点を振り返る時間としたい．時間としては5～10分程度とし，本時の学習の発展や次時の予告，確認などをして授業を終了する．

（4） 評価について　　本時の学習活動に対する評価の観点及び評価規準を，指導教諭の指導を受けて観点別に考え，「指導上の留意点，評価の観点（評価規準）」の欄に記入する．

　「指導と評価の一体化」を図った授業を構想することが重要である．

横軸の区分についても指導案の様式として様々なものがある．各実習校が独自の工夫を行っているが，本日誌ではごく一般的，基本的な様式を示している．以下に，横軸の区分について説明する．

①学習内容　　各段階区分に従って，指導する内容を項目的に名詞止めにして示す．

②学習活動　　学習内容に対応した生徒の学習活動を記入する．これらの記入にあたっては，語尾の表現を一貫するように努める．生徒の立場で表現するなら，「～～する」が多いであろうし，教師の場合では「～～させる」「～～する」となる．

③時間　　学習内容のかたまりに合わせて，時間（分）を記入する．5分程度のきざみが普通である．合計して50分（中・高校の場合の1単位時間）になるように配分する．

④指導上の留意点・評価の観点（評価基準）　　実習生自身として指導に関する内容上，方法上の配慮事項を記入する．

指導を受けた内容及び反省：授業を実際に行ってみると様々な反省が出てくると思う．また，授業後，指導教諭から様々な点で指導・助言が与えられるであろう．それらの点について，まとめて記すのが本欄である．この2つの点について以下に内容を示すが，反省と指導を受けた内容を混ぜて書かずに，分けて記入する．

反省は，実習生自身の授業を客観的に振り返り，記入する．その視点としては，次のようなことがあげられる．
- 授業の準備に関すること（実習生の教材研究はどうだったか，指導案の形式・内容は適切だったか，教室などの学習環境は適切だったか）
- 実習生の指導に関すること（目標に即した教材であったか，視聴覚教材や教具の利用は適切だったか，自分の考えや信念を一方的に押しつけなかったか，板書やノートの指示が行われたか）
- 生徒の状態（実習生の発問に対して生徒はどのように応答したか，生徒の学習と教師の指導とのかみ合いはうまくいっていたか，表面の活発さより内面的な交流が行われ，地味ながらも深みのある授業であったか）

　これらの点について，全く不用意であったこと，予想と実際にズレがあったこと，問題を克服するにはどうすればよいのか，などについて記入する．上にあげた視点すべてを記入するのではなく，1時間の授業で特に反省すべきことを1～2点に絞って記すこと．毎回同じ内容の反省を繰り返すことは無意味である．反省の中にはうまくできた点を記入してもかまわない．

　指導を受けた内容は，原則として実習生が指導教諭から受けた指導をまとめて記入する．直接指導教諭に書いてもらってもよいが，大学・短大側としては可能な限り，指導の先生方の労力を省くことを考えているので，その趣旨を失わないようにしたい．その指導の書き方については観察（授業参観等）・参加の記録の指導を受けた内容を参照すること．

　同一計画による指導の有無：同じ学習指導案で他学級を指導する場合は，この欄に，○月×日，□年△組というように，実施日と学年・組を書く．同じ指導案を何枚も作成する必要はない．

　なお，頁数が不足する場合は，日誌の該当部分をコピーして記入し，日誌に添付すること．

8．指導技術

　授業実践では，いくつかの指導技術を身につけておく必要があるが，特に，発問と板書，机間指導，ICTと資料の活用及び生徒の主体的活動を取り入れた指導は重要である．

発問　　発問は，教師の教育活動の中でも最も重要な指導技術である．発問は，知識の有無を「質問」するだけでなく，教材のもつねらいや意味，構造に即して，生徒の明確な目的意識や問題解決の方向を示すものでなくてはならない．実習生に陥りやすい悪い発問の例として，「どうして？」や「なぜ？」を連発する場合がある．発問の意図が明確でないため，生徒が「どう答えてよいか」わからずにいると，さらに質問を「言葉をかえて」繰り返し，ますます混乱させる場合がある．また，教師の発問に，一人の生徒が答えると，それで終わって，発問を発展させ深化させることをしない．発問に一人が答えると，「他にありませんか？」，「まだ，ありませんか？」と苦し紛れの発問を連発する場合がある．これらの悪い例は，教材研究の未熟さと，生徒の意識や認識の実態を把握できていない場合である．まず，生徒の反応を予測して，発問を考えることと，生徒に何を理解させようとしているのか，発問の意味内容を十分に吟味する必要がある．そのためには，教材研究によって，発問内容を洗いだし，生徒のわかる具体的な言葉で組み立てることと，学習の流れに沿って発問を系列化し，「一人が答えて

終わり」というのではなく，玉突きのように多くの生徒が答えるような工夫が必要である．学習指導案に生徒の反応を予測し，発問系列を記述しておくとよい．

発問には，以下のような目的・効果がある．

- ・学習への動機づけ　　・積極的な学習への参加
- ・問題になっている点の焦点化　・課題（問題）の明確化
- ・発想を豊かにし，考えを深める　・問題解決，探求的態度の育成

板書　板書をみただけで，生徒にわかりやすい授業であるかどうかがわかる．生徒はノートをみて復習を行っている．したがって，教師は，理解しやすいノート作りを板書で行っているのである．板書の条件としては，生徒の理解する教材の構造が示されることである．したがって，生徒の理解過程に合わせて板書を計画的に，かつ重要事項を構造的（学習項目の関連付けや形成関係など）に記述しなければならない．その構造は，生徒の考えを発展させ深化させるものであり，精選されたものでなければならない．板書も発問と同様，教材研究から生まれるものであるから，発問と同じように，授業の必要な場面で板書できるよう，学習指導案に計画的に準備しておかなければならない．板書をする適切なタイミングは，これから学習する内容を意識化させる時，意見や共同作業などにおける考え方の分類，集約を行う時，発問と組み合わせて，思考を促し，その過程を示す時，などである．初歩的なことであるが，誤字，脱字がないよう，予め練習しておく必要がある．また，色チョークなどを使って，重要性を強調したり，最後列の生徒でも見える「大きさ」で書くようにする．

机間指導　教壇を動かずに授業を終える実習生が多い．机間指導は，生徒の学習状態を把握するのに最適である．考える時間を要する発問，グループ討議，板書をノートする時間，資料整理など，グループまたは個人に時間が与えられた場合は，なるべく机間指導で生徒の状態を把握する必要がある．そうすることにより，生徒の学習進度や，ユニークな考えなど，教壇に立っていたままではわからない生徒の姿が見えてくる．

ICT と資料の活用　ICT と資料は，生徒の理解を促す重要な手段・材料である．「百聞は一見にしかず」といわれるように，資料を適切に活用することは，教師の力量である．それは，同じ資料を使っても，学習効果に大きな差が出るということである．資料には，文献資料，統計資料，視聴覚資料，標本などの実物資料がある．これらの資料をどう使うかは教師の教材観による．資料活用のポイントは，ア．生徒の理解過程に合わせて，資料を加工すること，イ．資料の組み合わせにより，思考活動を活発にすること，ウ．学習過程に即して，① 問題の本質を把握する資料，② 問題を掘り下げるための資料，③ 問題解決のための資料（情報収集），④ 問題解決の方法などの手続き的資料，などを活用すること，など．特に，グラフなどの視聴覚的資料は有効である．なお，ICT の活用にあたっては，得られた情報の信憑性・信頼性，著作権などに十分留意する必要がある。

9. 研究授業の記録　(p.70〜p.71)

ここでいう研究授業とは，実習生が教育実習の総仕上げとして，初歩的ではあるが授業の条件を整備して授業を公開し，関係の先生方に見てもらう特別に設定した授業のことである．

研究授業の準備

研究授業の実施の有無は実習開始直後の「実習の予定」を作成する段階で決定される場合が普通である．学校の事情によって行わない場合もあるが，授業実習の集大成の意味で，積極的に行うことが大切である．実施の場合は予め日時が決められるから，それに合わせて次のような心構えで準備をすすめる．

（１）　全く独立した１時限を授業として行うのではなく普通授業として実施している単元の中の連続した１時限分を研究授業として行う場合がほとんどである．したがって，本時までの流れの中で，授業計画（学習指導案）を立てることになり，そのための見通しを立てることも必要である．

（２）　普通の授業の場合は日誌の様式に合わせて立案し実施するが，研究授業の場合は実習校が実施している学習指導案様式を用いて立案し実施する場合がほとんどである．そのこともあって，研究授業の学習指導案作成では普段よりも細部にわたって指導教諭の指導を受けることになる．

（３）　どの程度の深い指導を受けるかは，指導教諭の判断や実習生の力量によっても異なるが，実習生としては，あらかじめ自分の意図をしっかり持ち，それを指導教諭に伝えながら自分の主体性を保って学習指導案を立案し，授業に臨む心構えが必要である．普段の授業とかけ離れた展開になったり，よそ行きの態度で授業に臨むと，生徒はかえって混乱し，授業が失敗に結び付く場合が多い．授業はあくまでも生徒あってのものなのである．

（４）　学習指導案には略案と細案（密案）があり，研究授業の場合は細案（密案）を立案することになる．したがって，より詳細に指導教諭からの指導を受けることになる．
　　　細案（密案）は，本時の展開に即して，①発問の内容やタイミング，②黒板に板書する場合のタイミングや黒板の使い方，表示の方法，③生徒の活動中における机間指導の仕方や個別指導のための計画，④視聴覚機器や補助教材，資料などの提示の仕方やタイミングなどに留意して作成する．

（５）　上記の事項に関しては，研究授業で初めて立案するのではなく，程度の差はあれ，普段の授業の際から馴れておくことが大切である．
　　　また，授業の進行は教師の発言，誘導によってなされることがほとんどであるから，研究授業に際しては上記の①の事項を中心に進行プランを別紙に用意しておき，それを見たり，確かめながら進行状況を調整していくとよい．気持ちの緊張から失敗を招くことも多いので，そのための準備を整えておく．

（６）　なお，研究授業に際しては，事前に校長をはじめ関係の先生方に通知案内をし，少なくとも前日までに，学習指導案を関係者に届けておくことが必要である．

研究授業の終了後

　研究授業には関係する多くの先生方や同僚の実習生が参観に来るが，終了と同時にまず指導教諭にお礼を言い，授業に対する指導を依頼しておく．他の参観者にもお礼を言い，後刻の「授業反省会」で指導・助言をお願いするのが礼儀である．

　「授業反省会」の名称は学校によって異なるが，研究授業を実施した後に，研究授業の検討を行う場を持つのが普通である．

　そこでは，授業者（実習生）自身の反省内容と，参観者から助言によって授業の検討がなされる．あくまでも生徒の学習目標の達成，知識・技能・思考力などの習得を目的にした，

よりよい授業のあり方を探るための話し合いである．［反省の視点は**授業実習の記録**の事項を参照］

　授業はうまくいかないのが普通である．経験の少ない実習生の授業が多くの反省点，問題点を指摘されるのは当然であるから，厳しい批判や指摘があってもそれで自信を失うことはない．それらを一層の努力目標にし，教師志望の強い動機に結び付けていって欲しい．会の最後には，実習研究授業の設定や指導を受けたことへのお礼を述べる．

　なお「研究授業の記録」のページには，日誌の様式によらない研究授業用の学習指導案，その他の資料などを貼付しておく．

10. 教育実習の感想　(p.72～p.73)

　この欄は，お世話になった実習校の校長・教頭・指導教諭その他の先生方に対する感謝とお礼を感想という形で書くところである．単に，「ありがとうございました」と感謝するだけでは不十分である．実習期間中の様々，かつ，具体的な場面をあげて，それらへの感想を付け加えつつ，感謝の気持を書く．

　○不安であったこと，不安がどのように解消していったか．
　○生徒たちとどのように交流できたか，生徒たちはどのように受け入れてくれたか，授業中
　　の生徒，授業外の生徒．
　○先生方にどのように受け入れてもらったか．
　○参観させてもらった先生方の指導．
　○参加の中で，すぐ実現できたこと，実現できなかったこと．
　○先生と呼ばれた時．
　○授業準備で感じたこと，失敗したこと．
　○授業実習の中で感じたこと．
　○授業実習で失敗したこと，それをどのように収拾したか．
　○実習中に感動したこと．
　○実習を通じて自分自身をどのように見直したか．
　○教育実習と今後の自分の人生とどのように関わっていくと思うか．
　○考えていた教育実習と実践した教育実習との間にどのような違いがあったかなど．

　これらは，項目を立てて書くことを意味しているのではなく，これらを手がかりとして，真に自分の感謝の気持を書いていく．

　なお，感想の中に，実習校の批判を書いてはならない．実際，実習校では実習生から批判したくなること，よく理解できないことがあるかもしれない．それらは，大学の指導教授に質問したり，教育実習後の学習会の中で出してほしい．

11. 実習終了検印　(p.73)

　実習生はこの欄については，一切，記入しないこと．本日誌は，教育実習最終日の退勤時までにすべての記入を済ませたら，持ち帰らず，実習校（指導教諭）に提出することになる．提出された日誌は，実習校で回覧・点検され，この欄に署名・押印された後，教育実習評価表・出勤簿とともに，大学に返送されて来ることになる．

きょういくじつしゅうのてびき	
教育実習の手引 (第7版)	

1981年3月	第1版	第1刷	発行	
1982年3月	第1版	第2刷	発行	
1984年3月	第2版	第1刷	発行	
1994年3月	第2版	第9刷	発行	
1995年3月	第3版	第1刷	発行	
1999年3月	第3版	第5刷	発行	
2001年2月	第4版	第1刷	発行	
2005年3月	第4版	第5刷	発行	
2006年1月	第5版	第1刷	発行	
2009年3月	第5版	第4刷	発行	
2010年1月	第6版	第1刷	発行	
2018年4月	第6版	第8刷	発行	
2019年10月	**第7版**	**第1刷**	**発行**	
2024年2月	**第7版**	**第4刷**	**発行**	

編 者　北海道私立大学・短期大学
　　　　教職課程研究連絡協議会
発行者　発 田 和 子
発行所　株式会社　学術図書出版社
　　　〒113-0033　東京都文京区本郷 5-4-6
　　　TEL 03-3811-0889　振替 00110-4-28454
　　　　　　　印刷 三和印刷 (株)

本書の一部または全部を無断で複写 (コピー)・複製・転載することは, 著作権法で認められた場合を除き, 著作者および出版社の権利の侵害となります. あらかじめ小社に許諾を求めてください.

© 1981,1984,1995,2001,2006,2010,2019
北海道私立大学・短期大学教職課程研究連絡協議会
Printed in Japan
ISBN978-4-7806-0777-2　C3037